SPECIMEN

DES CARACTÈRES

DE L'IMPRIMERIE DU COMMERC

ÉVARISTE MANGIN

NANTES,

RUE NEUVE-DES-CAPUCINS, 10, ET QUAI DE LA FOSSE, 25.

Août 1867.

IMPRIMERIE E. MANGIN.

NOUVEAUX CARACTÈRES ELZEVIRIENS.

— ∞•⊗•∞ —

A. — Corps six. — 2 casses, p. 30 kil.

NON INTERLIGNÉ.

Nous avons l'honneur de soumettre à votre appréciation, Messieurs, une belle collection de caractères ordinaires, types anglais, dont la gravure très délicate et très profonde, diffère de tous les autres employés jusqu'à ce jour dans nos ateliers. Ils nous sont d'une utilité incontestable pour différents travaux d'ouvrages de ville : Tableaux, Factures, Têtes de lettres, Mandats, Prix courants, Cartes de visite, Catalogues, etc., etc.

INTERLIGNÉ,

ODE.

Terre, soleil, vallons, — douce et belle nature! — je vous dois une larme aux bords de mon tombeau ! — L'air est si parfumé, — la lumière est si pure, — aux regards d'un mourant, le soleil est si beau ! — Je voudrais, maintenant, vider jusqu'à la lie, — ce calice mêlé, mêlé de nectar et de fiel ! — au fond de cette coupe où je buvais la vie, — peut-être y reste-t-il une goutte de miel !   LAMARTINE.

B. — Corps six. — 1 casse, p. 15 kil.

NON INTERLIGNÉ.

Déjà quitter la vie, disait la fleur flétrie, vers le sol se penchant.— Ne plus voir ces campagnes, ces coteaux, ces montagnes, et le soleil couchant. — Pourquoi me créer aussi belle,— pour me laisser vivre un seul jour ; — Ah ! pitié pour la fleur nouvelle, — chaste symbole de l'amour !

INTERLIGNÉ.

Adieu, papillon frêle, qui cachais ta dentelle, dans mon calice ouvert ! — Vois ma tige brisée, — et je tombe épuisée—sur ce beau gazon vert.—Pourquoi me créer aussi belle,—pour me laisser vivre un seul jour : — Ah ! pitié pour la fleur nouvelle, — chaste symbole de l'amour !

C. — Corps sept. — 2 casses, p. 40 kil.

NON INTERLIGNÉ.

Nous avons l'honneur de vous présenter cette magnifique série de caractères courants, type anglais, d'une nouveauté toute récente. — Notre désir le plus ardent de chaque jour est de ne reculer devant aucun sacrifice, afin de faire profiter notre nombreuse clientèle de tous les types nouveaux que peuvent produire les fonderies typographiques françaises, anglaises, américaines, etc., etc.

INTERLIGNÉ.

Croyez, Messieurs, que nos efforts tendront toujours, par les soins et la promptitude que nous apporterons dans les travaux qui nous seront confiés, à capter de nouveau votre confiance.

D. — Corps sept. — 1 casse, p. 18 kil.

NON INTERLIGNÉ.

Nous avons l'honneur de soumettre à votre appréciation, Messieurs, une nouvelle collection de types français, dont la gravure essentiellement délicate, diffère de tous les autres types parus jusqu'à ce jour.

INTERLIGNÉ.

Nous avons l'honneur de soumettre à votre appréciation, Messieurs, une nouvelle collection de types français, dont la gravure essentiellement délicate, diffère de tous les autres types parus jusqu'à ce jour.

E. — Corps huit. — 5 casses, p. 150 kil.

NON INTERLIGNÉ.

Nous avons l'honneur de soumettre à votre appréciation, Messieurs, une nouvelle collection de caractères pour labeur, genre Elzevirien, dont la gravure essentiellement belle, ne laisse rien à désirer par la netteté et la pureté du poinçon.

INTERLIGNÉ.

Nous avons l'honneur, Messieurs, de soumettre à votre juste appréciation, le Spécimen de tous les types anciens et modernes composant les Ateliers de l'IMPRIMERIE DU COMMERCE,

F. — Corps huit. — 1 casse, p. 30 k.

NON INTERLIGNÉ.

Nous avons l'honneur de soumettre à votre juste appréciation le Spécimen de tous les types anciens et modernes composant les Ateliers de l'IMPRIMERIE DU COMMERCE.

INTERLIGNÉ.

Nous avons l'honneur de soumettre à votre juste appréciation le Spécimen de tous les types anciens et modernes composant les Ateliers de l'IMPRIMERIE DU COMMERCE.
1 2 3 4 5 6 7 8 9 0

G. — Corps huit. — 1 casse, p. 35 kil.

NON INTERLIGNÉ.

Depuis longtemps les Graveurs-Typographes cherchent à produire un caractère imitant l'écriture courante. Les essais faits jusqu'à ce jour sous le nom d'Anglaise ou d'Américaine, sont incomplets et loin d'être satisfaisants.

IMPRIMERIE E. MANGIN.

SUITE DES NOUVEAUX CARACTÈRES ELZÉVIRIENS.

——◦◦▷◦◁◦◦——

INTERLIGNÉ.

Depuis longtemps les Graveurs-Typographes cherchent à produire un caractère imitant l'écriture courante. Les essais faits jusqu'à ce jour, sous le nom d'Anglaise ou d'Américaine, sont incomplets et loin d'être satisfaisants.

H. — Corps huit. — 2 casses, p. 40 kil.

NON INTERLIGNÉ.

Constantin mérita le surnom de Grand par ses victoires, par ses lois. par son génie ; mais on ne saurait nier qu'il n'ait eu un naturel violent et sanguinaire ; uniquement occupé du but vers lequel il tendait, il balayait de sa

INTERLIGNÉ.

Constantin mérita le surnom de Grand. par ses victoires, par ses lois, par son génie ; mais on ne saurait nier qu'il n'ait eu un naturel violent et sanguinaire ; uniquement occupé du but vers lequel il tendait, il balayait

I. — Corps neuf. — 4 casses, p. 70 kil.

NON INTERLIGNÉ.

Nous avons l'honneur de soumettre à votre appréciation, Messieurs, une nouvelle collection de gothiques d'église, dont la gravure, essentiellement délicate et pure, ne laisse rien à désirer.

INTERLIGNÉ

Nous sommes en mesure, Messieurs, par l'extension que nous venons de donner à nos ateliers, d'exécuter, avec toute la célérité désirable, les labeurs de toute nature et de la plus grande importance.

J. — Corps neuf. — 1 casse, p. 15 kil.

NON INTERLIGNÉ.

Nous avons l'honneur de soumettre à votre appréciation, Messieurs, une collection d'elzeviriennes, gros œil, pour labeur, dont la gravure diffère complétement de toutes celles parues jusqu'à ce jour.

INTERLIGNÉ.

Nous avons l'honneur de soumettre à votre appréciation, Messieurs, une collection d'égyptiennes étroites nouvelles, type anglais, dont la gravure essentiellement serrée, diffère de toutes celles parues jusqu'à ce jour.

K. — Corps dix. — 5 casses . p. 160 kil.

NON INTERLIGNÉ.

Nous avons l'honneur de vous prévenir, Messieurs, que nous venons de recevoir des diverses fonderies, françaises et étrangères, une belle et riche collection de caractères typographiques.

INTERLIGNÉ.

Nous avons l'honneur de vous prévenir, Messieurs, que nous venons de recevoir de diverses fonderies françaises et étrangères, une belle et riche collection de caractères typographiques.

L. — Corps dix. — 1 casse, p. 34 kil.

NON INTERLIGNÉ.

Nous avons l'honneur, Messieurs, de vous donner avis que nous sommes en mesure d'entreprendre, par l'extension considérable que nous venons de donner à nos ateliers, les labeurs quelle que soit leur importance.

INTERLIGNÉ.

Nous avons l'honneur, Messieurs, de vous donner avis que nous sommes en mesure d'entreprendre, par l'extension que nous venons de donner à nos ateliers, les travaux de tout genre, quelle que soit leur étendue.

M. — Corps dix. — 4 casses, p. 80 kil.

NON INTERLIGNÉ

Le désir manifesté depuis bien longtemps par la Typographie en général, d'avoir un nouveau caractère d'écriture

CARACTÈRES ORDINAIRES.

INTERLIGNÉ

Le désir manifesté depuis bien long-temps par la Typographie en général, d'avoir un nouveau caractère qu'on puisse adapter aux labeurs, nous a décidés à nous munir d'un type elzévirien de création toute récente, dont

N. — Corps dix. — 2 casses, p. 35 kil.

NON INTERLIGNÉ.

Nous avons l'honneur de vous prévenir, Messieurs, que, d'après une augmentation considérable de notre matériel, nous sommes à même d'exécuter, dans le plus bref délai

INTERLIGNÉ.

Nous nous empressons, Messieurs, de porter à votre connaissance l'extension donnée à nos ateliers depuis le 24 juin écoulé.

O. — Corps dix. — 3 casses, p. 60 kil.

Constantin mérita le surnom de grand par ses victoires, par ses lois, par son génie ; mais on ne saurait nier qu'il n'ait eu un naturel violent et sanguinaire ; uniquement dans le but de frayer un passage à son ambition toujours croissante ; mé-

P. — Corps onze. — 4 casses, p. 100 kil.

NON INTERLIGNÉ.

Nous avons l'honneur, Messieurs, de vous faire parvenir notre nouveau Spécimen. La variété de types dont il se compose nous fait espérer un bienveillant accueil.

INTERLIGNÉ.

Nous avons l'honneur, Messieurs, de vous faire parvenir notre nouveau Spécimen. La grande variété de types dont il se compose nous fait espérer que votre bienveillant accueil ne nous fera pas défaut.

Q — Corps onze. — 1 casse, p. 15 kil.

NON INTERLIGNÉ.

Nous avons l'honneur de vous présenter, Messieurs, une nouvelle série de caractères égyptiens d'un genre tout nouveau, dont la gravure essentielle-

INTERLIGNÉ.

Nous croyons utile, Messieurs, de vous soumettre la nouvelle composition de notre Spécimen, enrichi de tous les types nouveaux parus jusqu'à ce jour

IMPRIMERIE E. MANGIN.

Égyptiennes ordinaires.

Nº 1.—Corps six. — 1 casse, p. 8 kil.

Constantin mérita le surnom de Grand par ses victoires, par ses lois, par son génie ; mais on ne saurait nier qu'il n'ait eu un naturel violent et sanguinaire ; uniquement occupé du but vers lequel il tendait, il balayait de sa route tout ce qui lui
1 2 3 4 5 6 7 8 9 0

INTERLIGNÉ. .

Constantin mérita le surnom de Grand par ses victoires, par ses lois , par son génie ; mais on ne saurait nier qu'il n'ait eu un naturel violent et sanguinaire ; uniquement occupé du but vers lequel il tendait, il balayait de sa route tout ce qui lui

Nº 2. — Corps sept. — 1 casse , p. 10 kil,

Constantin mérita le surnom de Grand par ses victoires, par ses lois, par son génie ; mais on ne saurait nier qu'il n'ait eu un naturel violent et sanguinaire : uniquement occupé du but vers lequel il tendait, il balayait de sa route tout ce qui lui faisait
1 2 3 4 5 6 7 8 9 0

INTERLIGNÉ.

Constantin mérita le surnom de Grand par ses victoires , par ses lois, par son génie ; mais on ne saurait nier qu'il n'ait eu un naturel violent et sanguinaire ; uniquement occupé du but vers lequel il tendait , il balayait de sa route tout ce qui lui faisait

Nº 3. — Corps huit. — 2 casses , p. 30 kil.

Constantin mérita le surnom de Grand par ses victoires, par ses lois , par son génie ; mais on ne saurait nier qu'il n'ait eu un naturel violent et sangui-
1 2 3 4 5 6 7 8 9 0

INTERLIGNÉ.

Constantin mérita le surnom de Grand par ses victoires , par ses lois, par son génie ; mais on ne saurait nier qu'il n'ait eu un naturel violent et sangui-

Nº 4. — Corps neuf. — 1 casse, p. 3 kil.

Constantin mérita le surnom de Grand par ses victoires, par ses lois, par son génie ; mais on ne saurait nier qu'il n'ait eu un naturel violent et sanguinaire ; uniquement
1 2 3 4 5 6 7 8 9 0

INTERLIGNÉ.

Constantin mérita le surnom de Grand par ses victoires, par ses lois, par son génie ; mais on ne saurait nier qu'il n'ait eu un naturel violent et sanguinaire ; uniquement

Nº 5. — Corps neuf. — 1 casse , p. 6 kil.

Constantin mérita le surnom de Grand , par ses victoires, par ses lois, par son génie ; mais on ne saurait nier qu'il n'ait eu un naturel violent et sanguinaire ; uni-
1 2 3 4 5 6 7 8 9 0

INTERLIGNÉ.

Constantin mérita le surnom de Grand , par ses victoires, par ses lois, par son génie ; mais on ne saurait nier qu'il n'ait eu un naturel violent et sanguinaire ; uni-

Nº 6. — Corps onze. — 1 casse, p. 6 k.

In speaking of the intellectual qualities of Milton, we may begin with observing , that the very splendour of poetic fame has tended to obscure or conceal the
1 2 3 4 5 6 7 8 9 0

INTERLIGNÉ.

Constantin mérita le surnom de Grand , par ses victoires, par ses lois, par son génie ; mais on ne saurait nier qu'il n'ait eu un naturel violent et sanguinaire ; uniquement

Nº 7. — Corps douze. — 1/4 casse, p. 2 kil.

IMPRIMERIE DU COMMERCE

Nº 8. — Corps seize. — 1/4 casse, p. 3 kil.

IMPRIMERIE DU COMMERCE

Nº 9. — Corps seize. — 1 casse, p. 20 k.

LE THERMOMÈTRE MODÈLE A ROME

Nº 10. — Corps vingt-huit. — 1 casse, p. 50 kil.

IMPRIMERIE DU COMMERCE, A NANTES

Imprimerie du Commerce --- Phare de la Loire

Nº 11. — Corps trente-deux. — 1/4 casse, 5 alphabets,

MONDE, SOLEIL, LUNE

Nº 12. — Corps 40. — 5 alphabets,

BORDEAUX MARSEILLE

Nº 13. — Corps trente-six. — 1 casse, p. 50 kil,

AMORTISSEMENT

Nº 14. — Corps cinquante-deux. — 5 alphabets,

POUR PARIS

Nᵒ 15. — Corps trente-sept. — 5 alphabets.

RECHERCHE DU PHARE DE HOMBOURG

Nᵒ 16. — Corps quarante-trois. — 5 alphabets.

LA RETRAITE AUX FLAMBEAUX

Nᵒ 17. — Corps quarante-trois. — 5 alphabets.

LE REMPART DE MARION

Nᵒ 18. — Corps cinquante-six. — 5 alphabets.

ESPÉRANCE ET GRANDEUR

Nᵒ 19. — Corps onze. — 5 alphabets.

GRAVURES CHOISIES

Nᵒ 20. — Corps dix-huit. — 8 alphabets.

POMPADOUR

Nᵒ 21. — Corps vingt-quatre. — 6 alphabets.

AMOUR

Nᵒ 22. — Corps trente-six. — 6 alphabets.

PAILLE

Nᵒ 23. — Corps quarante-huit. — 5 alphabets.

DIEU

Nº 24. — Corps sept et demi — p. 1/2 kil.

PANTALONS ET PALETOTS NOUVEAUTÉS, SUR MESURE

Nº 25. — Antiques corps douze — p. 1 kil. 1/2.

ALICE LA PERLE DES BELLES ET FLEUR DE MARIE LA CANDEUR MÊME

Nº 26. — Corps seize — p. 1 kil. 1/2.

MONUMENT HISTORIQUE

Nº 27. — corps vingt — p. 3 kil.

QUEL CHEMIN AVONS-NOUS PARCOURU

Nº 28. — Corps seize. — 1 casse, p. 15 kil.

LES ANGUILLES ET LES JEUNES FILLES

Nº 29. — Corps vingt — p. 5 kil.

JE LES TIENS TOUTES DANS MES FILETS

Nº 30. — Corps vingt. — 1 casse, p. 6 kil.

ARRÊTONS-NOUS ICI; L'ASPECT

Nº 31. — Corps vingt-huit — p. 6 kil.

DE CES MONTAGNES

N° 32. — Corps trente-six. — 1 casse , p. 7 kil,

C'EST POUR TOUS

N° 33. — Corps trente-deux — p. 25 kil.

MONUMENT

N° 34. — Corps quarante-quatre — p. 22 kil,

LES VENGEURS

N° 35. — Corps cinquante-deux. — 6 alphabets

UN GENDARME

N° 36, — Corps soixante. — 5 alphabets.

MAGIQUE

IMPRIMERIE E. MANGIN.

N° 37. — Corps dix. — 1/2 casse, p. 2 kil. 1/2.

AMUSEMENTS ET DIVERTISSEMENTS, DES MONUMENTS MAGNIFIQUES

N° 38. — Corps douze. — 1/4 casse, p. 3 kil..

HONNEUR AU PHARE DE LA LOIRE

N° 39. — Corps seize. — 1/2 casse, p. 2 kil. 1/2.

LE VIEILLARD RELEVA LA TÊTE EN DISANT

N° 40. — Corps seize. — 1/4 casse, p. 3 kil.

LE LEVER DU SOLEIL, LA LUNE ROUSSE

N° 41. — Corps seize. — 2 casses, p. 45 kil.

THÉATRE DE LA VILLE DE NANTES
S'aimer les uns les autres

N° 42. — Corps seize. — 1/4 casse, p. 3 kil.

L'EXILÉ VICTOR HUGO

N° 43. — Corps vingt-quatre. — 1/4 casse, p. 5 kil.

OPULENCE ET PAUVRETÉ

Nº 44. — Corps vingt-quatre. — 1 casse, p. 11 kil.

LE BEAU PAYS DE FRANCE
Je vais revoir les lieux de mon enfance

Nº 45. — Corps vingt-huit. — 1 casse, p. 9 kil.

LA RÉPUBLIQUE

Nº 46. — Corps dix-huit. — 8 alphabets.

GÉNIE DU MAL

Nº 47. — Corps quarante. — 1/2 casse, p. 5 kil.

ŒUVRES CHOISIES

Nº 48. — Corps trente-deux. — 1 casse, p. 5 kil.

PARLER CLOCHER

Nº 49. — Corps trente-six, — 1 casse, p. 6 kil.

UN GOUVERNEMENT

Nº 50. — Corps cinquante-six. — 1/2 casse, p. 9 kil.

DÉMOCRATE

IMPRIMERIE E. MANGIN.

Initiales Allongées.

Nº 51. — Corps dix — 1 casse, p. 2 kil. 1/2.

LES DERNIÈRES PENSÉES DE WEBER, MÉLODIE POUR PIANO

Nº 52. — Corps douze. — 1 casse, p. 6 kil.

AUVERGNE, MA PATRIE, BERCEAU DE MES AMOURS, TERRE TOUJOURS CHÉRIE, TOI SEULE

Nº 53. — Corps quatorze — 1 casse, p. 4 kil.

SOURCES DES DISCOURS POUR RIRE

Nº 54. — Corps seize. — 1 casse, p. 10 kil.

LES HOMMES NE SONT PAS ASSEZ VERTUEUX POUR ÊTRE DE VRAIS RÉPUBLICAINS

Les Demoiselles de Magasin. -- L'Amour sous un Chêne

Nº 55. — Corps vingt — 1 casse, p. 3 kil.

THALÈS FUT L'UN DES SEPT SAGES

Nº 56. — Corps vingt-deux — 1 casse, p. 4 kil. 1/2.

LES MÉMOIRES DE TIBÈRE

Nº 57. — Corps vingt-huit — 1 casse, p. 6 kil.

HISTOIRE DE LA RÉVOLUTION

Nº 58. — Corps vingt-huit — 1 casse, p. 12 kil.

MON BEAU NAVIRE AUX GRANDS MATS

Initiales Ordinaires.

————⋄◇⋄————

No 59. — Corps vingt-quatre. — 1/4 casse, p. 5 kil.

SON GLAIVE BRISÉ, ELLE A PRIS EN SES MAINS

No 60. — Corps vingt-huit. — 1/4 casse, p. 2 kil. 1/2.

SYMBOLE DE L'AMOUR

No 61. — Corps vingt-huit — 1 casse, p. 8 kil.

L'ART TYPOGRAPHIQUE

No 62. — Corps trente-deux. — 1/4 casse, 2 kil. 1/2.

LES TROIS GRACES; LAFONTAINE

No 63. — Corps trente-six — 1 casse, p. 83 kil.

TERRE, SOLEIL, VALLONS
Douce et belle nature

No 64. — Corps trente-six. — 1/4 casse, p. 6 kil.

DÉJA THÉMIS A BRISÉ SA BALANCE

IMPRIMERIE E. MANGIN.

Initiales larges ordinaires.

Nº 65. — Corps douze. — 1 casse, p. 1 kil.

LA MODESTIE D'UNE JEUNE FILLE

Nº 66. — Corps seize. — 1 casse, p. 2 kil.

N'EST PAS REMARQUÉE EN CE MONDE

Nº 67. — Corps seize. — 1 casse, p. 3 kil.

LES CROYANCES SUPERSTITIEUSES

Nº 68. — Corps dix-huit. — 1 casse, p. 2 kil. 1/2.

DE TOUS LES TEMPS

Nº 69. — Corps vingt. — 1 casse, p. 4 kil.

SONT ÉTRANGES CHEZ LES PEUPLES

Nº 70. — Corps vingt-quatre. — 1 casse, p. 4 kil.

CIVILISÉS AU XIXᵉ SIÈCLE

Suite des initiales larges.

N° 71. — Corps trente. — 6 alphabets.

DES ENFANTS VOLAGES

N° 72. — Corps quarante. — 6 alphabets.

QUI N'AIMENT

N° 73. — Corps quurante-six. — 6 alphabets.

QUE LE PLAISIR

N° 74. — Corps quarante-quatre — 5 alphabets.

L'UNION FAIT LA FORCE

N° 75. — Corps cinquante-six. — 6 alphabets.

VOILA TOUT

IMPRIMERIE E. MANGIN.

No 76. — Corps six — 1 casse, p. 1/2 kil.

SERVICE DES BATEAUX TRANSATLANTIQUES DE LONDRES

. No 77. — Corps six — 1 casse, p. 6 kil.

L'Exposition Universelle des Beaux-Arts et de l'Industrie sera inaugurée à Paris au mois de Mai 1867.

LE SOLEIL LUIT POUR TOUT LE MONDE — PAUVRETÉ N'EST PAS VICE.

No 78. — Corps vingt. — 1 casse, p, 10 kil. 1/2.

JE VOUS SALUE, O JOUR DE DÉLIVRANCE,
Jour de bonheur, règne d'égalité!

No 79. — Corps vingt — 1 casse, p. 4 kil. 1/2.

LES ROIS FONT GRÈVE

No 80. — Corps seize. — 5 alphabets.

DE L'INQUISITION

No 81. — Corps trente-et-un — 1 casse, p. 14 kil.

BELLE ITALIE
Patrie de Garibaldi

IMPRIMERIE E. MANGIN.

SUITE – ÉGYPTIENNES BLANCHES

No 82. — Corps dix — 1 casse, p. 2 kil.

ENFANTS, C'EST MOI QUI SUIS LISETTE, LA LISETTE DU CHANSONNIER

No 83. — Corps douze — 1 casse, p. 6 kil.

MARGUERITE RENTRAIT CHEZ ELLE

Elle était en nage, poursuivie depuis longtemps par un

No 84. — Corps douze. — 1/4 casse, p. 2 kil.

LES ENVIRONS — LES BROUILLARDS DE LA TAMISE

No 85. — Corps douze. — 1/4 casse, 2 kil. 1/2.

BÉRANGER, POÈTE POPULAIRE

No 86. — Corps douze — 1/4 casse, p. 2 kil.

L'EMPEREUR SOULOUQUE ET SES BOITES A SARDINES

No 87. — Corps treize. — 1/4 casse, p. 3 kil.

L'ARRIVÉE DU TRAIN DE PARIS

No 88. — Corps quatorze. — 1 casse, p. 13 kil.

HONNEUR ET GLOIRE AUX TRAVAILLEURS

Les Huguenots, l'Africaine, le Prophète, Charles VI.

No 89. — Corps vingt. — 1/4 casse, p. 5 kil. 1/2.

BELLE COLLECTION

ÉGYPTIENNNES BLANCHES.

N° 90. — Corps seize. — 1 casse , p. 2 kil.

LE VEAU D'OR EST ENCORE DEBOUT

N° 92. — Corps vingt-deux. — 1/4 casse, p. 4 kil.

N'APERCEVEZ-VOUS PAS

N° 93. — Corps dix-neuf — 1/4 casse, 3 kil.

L'OR EST UNE CHIMÈRE, SACHONS

N° 94. — Corps trente — 1 casse, p. 5 kil.

DIMINUTION DES VIVRES

N° 95. — Corps vingt-cinq. — 1/4 casse, p. 4 kil.

MARGUERITE & FAUST

N° 96.— Corps vingt-quatre,— 1 casse , p. 5 kil.

LES AMIS SONT RARES AUJOURD'HUI

IMPRIMERIE E. MANGIN.

ÉGYPTIENNES BLANCHES ET ORNÉES

No 97. — Corps vingt-trois. — 1 casse, p. 2 kil.

HOMMES PROPRES AU SERVICE MILITAIRE

No 98. — Corps vingt-six — 1 casse, p. 2 kil.

NEW-YORK

No 99. — Corps vingt-huit. — 1 casse, p. 6 kil. 1/2.

QUE VENISE EST BELLE

No 100. — Corps trente-six. — 1 casse, p. 6 kil.

LA POMME D'OR

No 101. — Corps trente-deux. — 1 casse, p. 17 kil.

Ce sujet aura de l'intérêt
PARLONS CHIMIE

No 102. — Corps trente-quatre. — 1 casse, p. 6 kil.

ARAMIS, PORTHOS

No 103. — Corps trente. — 1 casse, p. 4 kil.

L'ORAGE ET LA TEMPÊTE

IMPRIMERIE E. MANGIN.

ÉGYPTIENNNES BLANCHES,

No 104. — Corps huit. — 1 casse, p. 2 kil.

IMPRIMERIE DU COMMERCE, RUE DES CAPUCINS.

No 105. — Corps vingt. — 1 casse, p. 2 kil. 1/2.

O DIEU, DIEU DE NOS PÈRES, PARMI NOUS DESCENDS ET CACHE NOS MYSTÈRES

No 106. — Corps six — 1 casse, p. 1 kil.

AVONS-NOUS BESOIN DE PENSER

No 107. — Corps neuf. — 1/4 casse, p. 3 kil.

JE VAIS BIENTOT MOURIR

No 108. — Corps douze. — 1 casse, p. 3 kil. 1/2.

MA LÉONORE, ADIEU

No 109. — Corps onze. — 1/4 casse, p. 3 kil.

LA VERTU RÉCOMPENSÉE

No 110. — Corps douze. — 1/4 casse, 2 kil. 1/2.

IL COMMANDE

ÉGYPTIENNES BLANCHES ET ORNÉES

Nº 111. — Corps quatorze. — 1/4 casse , p. 3 kil.

ARRÊTEZ MONSIEUR

Nº . 112— Corps quarante — 3 alphabets.

NUIT, HIVER

Nº 113. — Corps quarante, — 4 alphabets.

DIX MAI

Nº 114. — Corps trente-deux. — 1/4 casse, p. 5 kil. 1/2.

LE MARIAGE DE FIGARO

Nº 115. — Corps trente-six. — 1 casse, p. 5 kil.

L'HÉRITAGE DE PLUMET

Nº 116. — Corps quarante — 5 alphabets.

LES QUADRILLES

IMPRIMERIE E. MANGIN.

FANTAISIE.

No 117. — Corps neuf. — 1 casse, p. 10 kil.

A QUI SE CONFIER AUJOURD'HUI? PARTOUT JANUS SE PRÉSENTE

C'était une noble tête de vieillard, que l'assassin revit bien des fois dans ses rêves.

No 118. — Corps dix. — 1/4 casse, p. 2 kil.

LE DESPOTISME N'AURA QU'UN TEMPS, LE RÈGNE DES TREMBLEURS

No 119. — Corps dix-huit — 1 casse, p. 8 kil.

LES BORDS FLEURIS DE LA SEINE

No 120. — Corps trente-six. — 5 alphabets.

CAMILLE & ARTHUR

No 121. — Corps vingt. — 1 casse, p. 2 kil.

LES CHERCHEURS D'OR EN CALIFORNIE

No 122. — Corps trente. — 5 alphabets.

EVARISTE MANGIN

No 123. — Corps trente-deux. — 1 casse, p. 4 kil.

PARTERRE FEUILLAGE

IMPRIMERIE E. MANGIN.

FANTAISIE.

Nᵒ 124. — Corps dix-huit. — 1 casse, p. 4 kil.

SERVICE RÉGULIER DE LA COMPAGNIE DU CHEMIN

Nᵒ 125. — Corps trente-deux — 1 casse, p. 8 kil.

REGARDE CETTE FEMME, AMI,

Nᵒ 126.— Corps quarante-huit. — 1 casse, p. 10 kil. 1/2.

ELLE EST BIEN BELLE, MON DIEU!!!

Nᵒ 127,— Corps cinquante-six — 5 alphabets.

MARIAGE

Nᵒ 128 — Corps quatre-vingt-deux. — 4 alphabets,

BRONZE

IMPRIMERIE E. MANGIN.

N° 129.— Corps huit. — 1 casse, p. 5 kil.

PANTINS QUE VOUS ÊTES, DANSEZ MES AMOURS

N° 130. Corps onze. — 1 casse, p. 14 kil.

Constantin mérita le surnom de Grand, par ses victoires, par ses lois, par son génie ; mais on ne saurait nier qu'il n'ait eu un naturel violent et sanguinaire, uniquement occupé du but vers lequel

N° 131.— Corps douze. — 2 casses, p. 45 kil.

LES PATTES DE MOUCHE

N° 132. — Corps seize. — 1 casse, p. 3 kil.

TIRE LE RIDEAU, MA DONDAINE, TIRE LE RIDEAU, MA DONDON.

N° 133.— Corps douze — 1 casse, p. 14 kil.

INTERLIGNÉ.

Constantin mérita le surnom de Grand, par ses victoires, par ses lois, par son génie ; mais on ne saurait nier qu'il n'ait eu un naturel violent et sanguinaire ; uniquement occupé du but vers lequel il tendait, il balayait de sa route 1 2 3 4 5 6 7 8 9 0

NON INTERLIGNÉ.

Constantin mérita le surnom de Grand, par ses victoires, par ses lois, par son génie ; mais on ne saurait nier qu'il n'ait eu un naturel violent & sanguinaire ; uniquement occupé du but vers lequel il tendait, il balayait de sa route À WATERLOO QUEL ÉCHEC POUR LA

IMPRIMERIE E. MANGIN.

NORMANDES ORDINAIRES.

No 134. — Corps cinq et demi. — 1/4 casse, 1 kil.

Constantin mérita le surnom de Grand , par ses victoires, par ses lois , par son génie ; mais on ne saurait nier qu'il

No 135. — Corps six. — 1 casse , p. 10 kil.

INTERLIGNÉ.

Constantin mérita le surnom de Grand , par ses victoires, par ses lois, par son génie ; mais on ne saurait nier qu'il n'ait eu un naturel violent et sanguinaire : uniquement occupé du but vers lequel il tendait, il balayait de sa route tout ce

NON INTERLIGNÉ.

Constantin mérita le surnom de Grand , par ses victoires, par ses lois, par son génie : mais on ne saurait nier qu'il n'ait eu un naturel violent et sanguinaire : uniquement occupé du but vers lequel il tendait , il balayait de sa route tout ce

No 136. — Corps six. — 1 casse, p. 10 kil.

INTERLIGNÉ.

In speaking of the intellectual qualities of Milton , we may begin with observing , that the very splendour of his poetic fame has tended to obscure or conceal the extent of his mind, and the varieties of its energies and attainements. To many he seems only a poet, when in truth he was a pro-

NON INTERLIGNÉ.

In speaking of the intellectual qualities of Milton , we may begin with observing , that the very splendour of his poetic fame has tended to obscure or conceal the extent of his mind, and the varieties of its energies and attainements. To many he seems only a poet, when in truth he was a pro-

No 137. — Corps six. — 1 casse , p. 6 kil.

Constantin mérita le surnom de Grand , par ses victoires, par ses lois , par son génie ; mais on ne saurait

No 138. —Corps neuf — 1 casse, p. 8 kil.

Constantin mérita le surnom de Grand , par ses victoires, par ses lois , par son génie ; mais on ne saurait nier qu'il n'ait eu un naturel

No 139. — Corps neuf. — 1 casse, p. 7 kil. 1/2.

EN LETTRES D'OR, GRAVONS SUR UNE PIERRE, L'ÈRE NOUVELLE OU NOS MAUX VONT

IMPRIMERIE E. MANGIN.

SUITE DES NORMANDES ORDINAIRES.

No 140.— Corps neuf.— 1 casse, p. 10 kil.

Constantin mérita le surnom de Grand, par ses victoires, par ses lois, par son génie ; mais on ne saurait nier qu'il n'ait eu un naturel violent et

No 141. — Corps dix. — 1 casse, p. 25 kil,

INTERLIGNÉ,

Constantin mérita le surnom de Grand, par ses victoires, par ses lois, par son génie; mais on ne saurait nier qu'il n'ait eu un naturel violent et sanguinaire; uniquement 1 2 3 4 5 6 7 8 9 0

NON INTERLIGNÉ.

Constantin mérita le surnom de Grand, par ses victoires, par ses lois, par son génie; mais on ne saurait nier qu'il n'ait eu un naturel violent et sanguinaire; uniquement

DU HAUT DE CES PYRAMIDES

No 142. — Corps onze — 1 casse, p. 30 kil.

INTERLIGNÉ.

Constantin mérita le surnom de Grand, par ses victoires, par ses lois, par son génie ; mais on ne saurait nier qu'il n'ait eu un naturel violent et san- 1 2 3 4 5 6 7 8 9 0

NON INTERLIGNÉ.

Constantin mérita le surnom de Grand, par ses victoires, par ses lois, par son génie; mais on ne saurait nier qu'il n'ait eu un naturel violent et san-

UN HOMME QUI A PLUS D'ESPRIT QUE

No 143. — Corps seize. — 2 casse, p. ensemble 15 kil.

La terre est une vallée de larmes.

Eva, la fière, a tout pour plaire, Amour, beauté, folle gaîté, par son

IMPRIMERIE E. MANGIN.

CARACTÈRES CALLIGRAPHIQUES.

—◆—

Nº 144. — Corps douze. — 1 casse, p. 15 kil.

Nous avons l'honneur, Monsieur, de soumettre à votre appréciation, le Spécimen des Caractères composant le Matériel des Ateliers du Phare de la Loire.

Nous espérons, Monsieur, tant pour les soins et la promptitude que nous apporterons dans l'exécution des travaux qui nous seront confiés, que vous voudrez bien continuer de nous accorder le bienveillant concours dont vous avez daigné nous honorer jusqu'à ce jour, et que nous nous efforcerons toujours de conserver.

Recevez, je vous prie, Monsieur, l'assurance de ma plus parfaite considération.

ÉVARISTE MANGIN.

Nº 145. — Corps seize. — 1 casse, p. 14 kil.

Messieurs,

Nous nous estimerons très heureux si, par nos faibles efforts, nous parvenons à capter de nouveau votre confiance et votre Approbation pour la nouvelle composition du Spécimen que nous avons l'honneur de vous soumettre.

Nº 146. — Corps seize. — 1 casse, p. 19 kil. 1/2.

Depuis longtemps la Typographie cherche à produire un caractère imitant l'écriture courante. Les essais faits jusqu'à ce jour sont presque complets, car les difficultés nombreuses que présente ce type de caractère nous semble plutôt être du domaine de la Gravure en taille-douce et de la Lithographie.

1867

IMPRIMERIE E. MANGIN.

CARACTÈRES CALLIGRAPHIQUES.

N° 147. — Corps vingt. — 1 casse, p. 20 kil.

En conséquence, Messieurs, nous appelons toute votre attention sur cette belle collection de caractères Calligraphiques qui comble aujourd'hui la lacune qui existait depuis si longtemps dans notre Art.

N° 148. — Corps vingt. — 1 casse, p. 16 kil.

Les anglaises Didot offrent de grandes difficultés au point de vue de la composition. Les combinaisons sans nombre dont elles se composent nous forcent à ne les employer que dans des cas exceptionnels.

N° 149— Corps vingt-huit. — 1 casse, p. 16 kil.

Monsieur & Madame d'Argencé de Mayenne ont l'honneur de vous faire part du Mariage de Mademoiselle Camille de Bollemesnil, leur nièce & pupille, avec Monsieur le comte Achille de Boismort, Sénateur & Grand'Croix de la Légion-d'Honneur.

IMPRIMERIE E. MANGIN.

CARACTÈRES CALLIGRAPHIQUES.

N° 150. — Corps vingt-huit. — 1 casse . p. 17 kil. 1/2.

Vous êtes priés d'assister à la cérémonie des Fiançailles qui se fera mercredi prochain dans notre château de Mayenne, ainsi qu'à la Bénédiction Nuptiale qui se donnera le lundi suivant à l'Eglise Notre-Dame leur Paroisse.

N° 151.— Corps vingt-huit. — 1 casse, p. 40 kil.

Ces types ont, par l'élégance et la netteté du

N° 152. — Corps quarante. — 1 casse , p. 14 kil.

poinçon, le droit de fixer votre attention.

N° 153. Corps quarante-huit. — 1 casse, p. 30 kil.

Ille Excelentissimo

N° 154.— Corps cinquante. — 1 casses , p. 35 kil.

des Noirs d'Engrais

N° 155.— Corps cent vingt-quatre.— 1 casse , p. 25 kil.

Malade

IMPRIMERIE E. MANGIN.

CARACTÈRES CALLIGRAPHIQUES. -- RONDE.

—◦»◦◦«◦—

No 156. — Corps seize. — 1 casse, p. 8 kil

Secrétariat de la Mairie, Bureau des Travaux Publics.

No 157. — Corps vingt. — 1 casse, p. 16 kil.

Fils de Caïn, élu de l'indigence, le pur Esprit a marqué vos taudis.

No 158. — Corps vingt-quatre. = 1 casse, p. 17 kil. 1/2.

Chez les Montagnards Écossais, l'hospitalité se donne et ne se vend jamais

No 159. — Corps vingt-huit. — 1 casse, p. 23 kil.

Nous, Maire de Nantes, Arrêtons Conseil.

No 160. — Corps trente-six. — 1 casse, p. 20 kil.

Pendant la période des délibérations.

No 161. — Corps soixante-dix. — 1 casse, p. 35 kil.

Affaire Dosser

No 162. — Corps cent quatre-vingt-dix. — 1 casse, p. 30 kil.

Cahier

CARACTÈRES CALLIGRAPHIQUES. -- RONDE.

Nº 156. — Corps seize. — 1 casse , p. 8 kil

Secrétariat de la Mairie , Bureau des Travaux Publics.

Nº 157. — Corps vingt. — 1 casse , p. 16 kil.

Fils de Caïn, élu de l'indigence , le pur Esprit a marqué vos taudis.

Nº 158. — Corps vingt-quatre. — 1 casse, p. 17 kil. 1/2.

Chez les Montagnards Ecossais, l'hospitalité se donne et ne se vend jamais

Nº 159. — Corps vingt-huit. — 1 casse, p. 25 kil.

Nous , Maire de Nantes , Arrêtons Conseil.

Nº 160. — Corps trente-six — 1 casse, p. 20 kil.

Pendant la période des délibérations.

Nº 161. — Corps soixante-dix. — 1 casse, p. 35 kil.

Affaire Dosser

Nº 162. — Corps cent quatre-vingt-dix. — 1 casse, p. 30 kil.

Cahier

IMPRIMERIE E. MANGIN.

CARACTÈRES GOTHIQUES ORDINAIRES.

Nº 163. — Corps dix. — 1 casse, p. 4 kil. 1/2.

Embarquement à Southampton des Émigrés Irlandais et Allemands pour la Nouvelle-Calédonie.

Nº 164. — Corps douze. — 1 casse, p. 6 kil.

Histoire Contemporaine des Empires Indiens, par Bernardin de Saint-Pierre.

Nº 165. — Corps vingt. — 1 casse, p. 8 kil.

Voyez, du haut de cette plage, ce frêle esquif voguer sur la mer.

Nº 166. — Corps vingt — 1 casse, p. 10 kil.

Mangeons à la gamelle, vive le son, vive le son, mangeons a la gamelle.

Nº 167. — Corps vingt-quatre. — 1 casse, p. 9 kil.

Les Chrétiens sont vainqueurs,

Nº 168. — Corps vingt-quatre — 1 casse, p. 10 kil.

Les vents, les flots et les orages, menacent d'engloutir les mal-

Nº 169. — Corps trente-deux. — 1 casse, p. 8 kil. 1/2.

Le Cheval de Bronze. — Favorite.

IMPRIMERIE E. MANGIN.

CARACTÈRES GOTHIQUES ORDINAIRES.

No 170.— Corps trente-six. — 1 casse, p. 15 kil.

Guillaume Tell. ---- Les Huguenots.

No 171.— Corps quarante-huit.— 1 casse, p. 16 kil.

Dante aux Enfers

No 172. — Corps quatre-vingt-quatre. — 1 casse, p. 20 kil.

Mesurage et

No 173. — Corps dix-huit. — 1 casse, p. 10 kil.

Mourir pour la Patrie, c'est le sort le plus beau

No 174. — Corps quarante-huit. — 1 casse, p. 10 kil. 1/2.

Prenez garde, Prenez garde

No 175. — Corps cinquante-six. — 1 casse, p. 14 kil.

Vente Publique

1867

CARACTÈRES D'AFFICHES.

N° 176. — Corps quatorze — 2 casses, p. 90 kil.

NON INTERLIGNÉ.

Les ennemis les plus acharnés que nous avons à combattre, dans l'intérêt d
bien-être à tous, ne sont que nos passions ; travaillons donc avec ardeur, afin d'
en nous l'égoïsme qui tue.

INTERLIGNÉ.

Les ennemis les plus acharnés que nous avons à combattre, dans l'intérêt d
bien-être à tous, ne sont que nos passions ; travaillons donc avec ardeur, afin d'
en nous l'égoïsme qui tue.

N° 177. — Corps quatorze. — 1 casse, p. 35 kil.

NON INTERLIGNÉ.

Déjà Thémis a brisé sa balance, — brisé son glaive, elle a pris en ses ma
le beau flambeau que portait l'Espérance, — son feu divin éclaire les hu
— à ses côtés, debout, la tête altière, — la Vérité nous montre l'avenir !

INTERLIGNÉ.

Arts et progrès, travail, ordre et science, — venez, venez, prendre un
essor, — en vous enfin nous avons confiance, — l'instruction n'est plus a
de l'or. — L'homme pourra, parcourant sa carrière, — jouir des fruits qu'
vus mûrir.

N° 178. — Corps dix-huit. — 2 casses, p. 70 kil.

Les types composant cette nouvelle série ne sont des
généralement que pour le texte des affiches, pancartes, etc.

N° 179. — Corps dix-huit. — 1 casse, p. 30 kil.

Ces types ne s'emploient généralement que pour la confe
des affiches, pancartes, circulaires, etc., etc.

Nº 180. — Corps vingt-deux. — 2 casses, p. 95 k.

Nous avons l'honneur, Messieurs, de s
mettre à votre appréciation une riche (
lection de caractères d'affiches, compos
le matériel de notre Maison.

Nº 181. — Corps vingt-deux. — 1 casse, p. 35 kil.

Nous avons l'honneur, Messieurs, de s
mettre à votre appréciation une série t
complète de tous nos caractères d'affich

Nº 182. — Corps vingt-huit. — 2 casses. p. 86 kil.

Les fonderies typographiques tende
de jour en jour, vers les innovations

Nº 183. — Corps vingt-huit. — 1 casse, p. 30 kil.

Les fonderies typographiques tende
de jour en jour, vers les innovations.

Nº 184. — Corps vingt-huit. — 1 casse, p. 40 kil.

Nous sommes en mesure d'(
treprendre, dans nos Atelie

Nº 185. — Corps vingt-huit. — 1 casse, p. 30 kil.

L'extension considérab
donnée à nos Ateliers, no

Nº 186. — Corps trente-six. — 1 casse, p. 83 kil.

Nous sommes désireux d'un
nos efforts à ceux de nos am

Nº 187. — Corps trente-six. — 1 casse, p. 64 kil.

Si nous voulons user de s
vérité, soyons justes en tout

Nº 188. — Corps quarante. — 1 casse, p. 80 kil.

La Typographie, de nos jour
a subi de nombreuses transf

Nº 189. — Corps quarante. — 1 casse, p. 50 kil.

Les améliorations qui con
mencent à se produire da

Nº 190. — Corps quarante-huit. — 1 casse, p. 70 kil.

Le moment le plus critique de

Nº 191. — Corps cinquante-six. — 1 casse, p. 90 kil.

Mes amis, je désire u

N° 192 — Corps cinquante-six. — 1 casse, p. 76 kil.

Passant, soyez digne

N° 193.— Corps cinquante. — 4 alphabets.

LA LIBERTÉ

N° 194. — 5 cicéros 1/2— 4 alphabets.

LA FORCE

N° 195. — 6 cicéros 3 p. — 4 alphabets,

GRACE

N° 196. — 9 cicéros 9 p. — 5 alphabets.

PARIS

NOUS

SITE

Fille

MER

No 201. — 11 cicéros. — 6 alphabets.

Voix

No 202. — Corps cinquante-deux. — 4 alphabets.

LIGNE D'ORLÉANS

No 203. — 5 cicéros 1/2. — 5 alphabets.

LA VIVANDIÈR

No 204. — 7 cicéros 1/2. — 6 alphabets.

Héréditaire

No 205. — 7 cicéros 1/2— 6 alphabets.

SAUVAGE

No 206. — 8 cicéros. — 5 alphabets.

MAIRIE

No 207. — 6 cicéros. — 4 alphabets.

DE TÉLÉMAQUE &

No 208. — 8 cicéros. — 5 alphabets.

A ATHÈNES

No 209. — 5 cicéros. — 5 alphabets.

EXPOSITION

No 210. — 6 cicéros. — 8 alphabets.

Belle Hélène

No 211. — 6 cicéros. — 10 alphabets.

ILE ROUEN

MOLE

ARTHUR

MAIN

TIER

ROI

1789

MAL

Nº 219 — Corps cinquante-six. — 5 alphabets.

LA CHINE

Nº 220. — Corps cinquante-six. — 5 alphabets.

Les Bretons

Nº 221. — 5 cicéros 1/2 — 6 alphabets.

LAISSEZ PASSER LA JUSTICE

Nº 222. — 8 cicéros 12. — 6 alphabets.

L'INFAME CHARLES I

Nº 223. — 6 cicéros 1/2. — 5 alphabets.

440 CORBILLARDS

Nº 224. — 8 cicéros. — 6 alphabets.

LA MAISON ROUG

SÉRIE DE LETTRES EN BOIS.

Nᵒ 225. — 7 cicéros. — 5 alphabets

CASINO

Nᵒ 226. — 14 cicéros. — 6 alphabets.

Empire

Nᵒ 227. — 14 cicéros. — 6 alphabets.

ARME

No 228. — 11 cicéros 1/2. — 3 alphabets.

OIK

No 229. — 14 cicéros. — 4 alphabets.

FAT

No 230. — 14 cicéros. — 4 alphabets.

Mât

M

IMM

PIG

No 234. — 16 cicéros. — 3 alphabets.

MIX

No 235. — 17 cicéros. — 4 alphabets.

MARIE

No 236. — 17 cicéros. — 3 alphabets.

Wilson

Nº 237 — 16 cicéros 1/2.— 5 alphabets.

TOPAZ

Nº 238.— 16 cicéros. — 8 alphabets.

Merlin

LE MAII

Gabrie

PIAT

NX

N° 243.— 24 cicéros. — 4 alphabets.

IA

N° 244. — 26 cicéros 1/2.— 4 alphabets.

GOD

BONNE

QUO

No 247. — 8 cicéros. — 5 alphabets.

Secrets

No 248. — 36 cicéros. — 4 alphabets.

IZA

N° 249. — 9 cicéros. — 3 alphabets.

Coupere

N° 250. — 38 cicéros. — 2 alphabets.

B

LUI

PRÈS

FOND

Ondi

BADE

BON

M

FOLLE

NID

ART

TOM

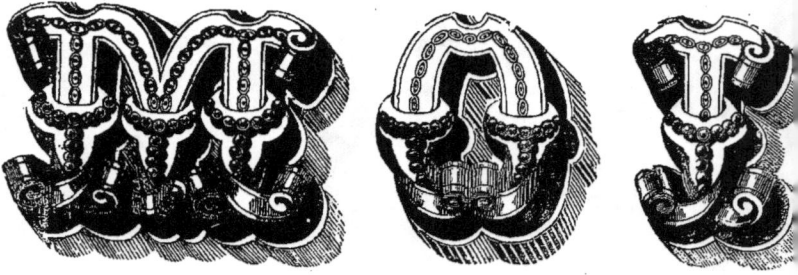

N° 266.— 14 cicéros. — 2 alphabets.

N° 267. — 19 cicéros 1/2.— 2 alphabets.

TEN

NO

L

No 271. — 24 cicéros. — 3 alphabets.

IO

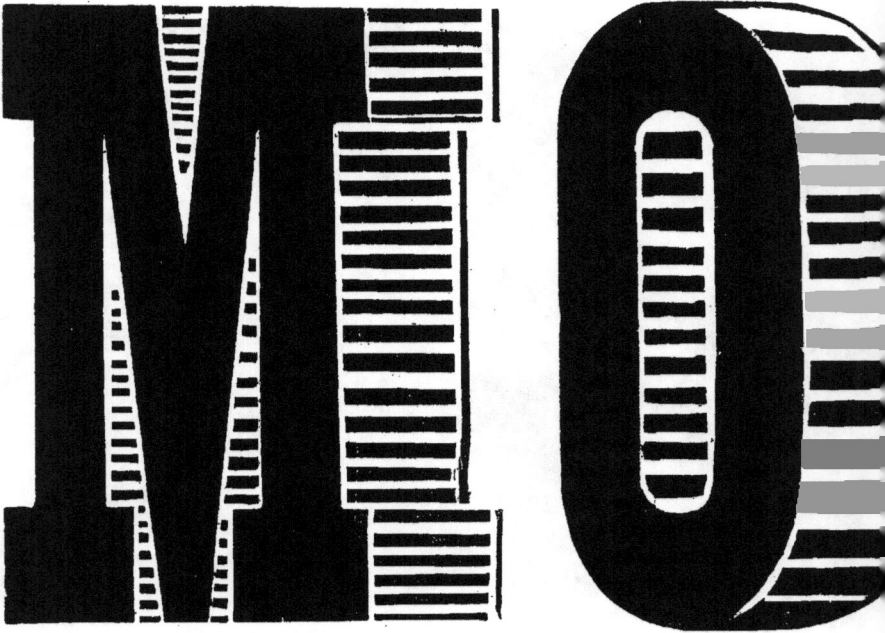

DE

IM

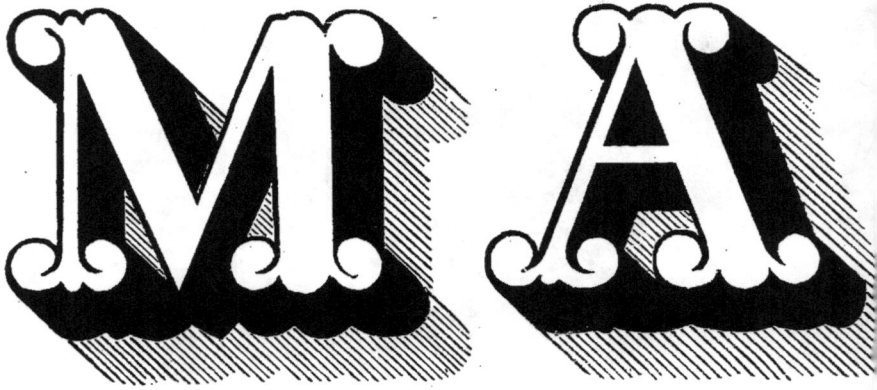

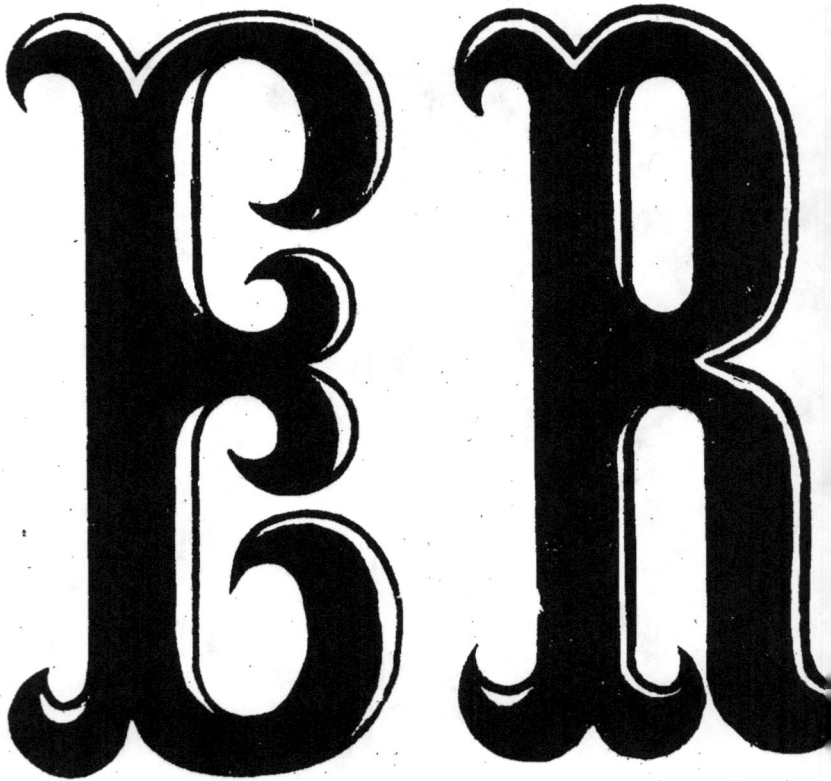

TOUT

Péa

Mer

SUI

No 222. — 14 cicéros. — 3 alphabets.

SIR

No 233. — 15 cicéros. — 3 alphabets.

BIEN

No 284. — 15 cicéros. — 2 alphabets.

Mille

CAMILL

Reg

IOE

UB

SOM

LAISSE

Tail

N° 295. — 33 cicéros. — 2 alphabets.

N° 294. — 37 cicéros. — 2 alphabets.

S

N° 293.— 10 cicéros. — 2 alphabets.

TURIN

FORME

ENFAN

NO

EB

www.ingramcontent.com/pod-product-compliance
Lightning Source LLC
Chambersburg PA
CBHW072244270326
41930CB00010B/2260